Encuentros ^hoy 1

Manuel Vila Baleato

Tres meses en México

Unter www.cornelsen.de/webcodes gibt es als kostenlosen Download:
– das Hörbuch zu *Tres meses en México*
– passende Arbeitsblätter.
Gib einfach folgenden Webcode ein: **xafefi**

Cornelsen

1 Vuelo Madrid – Ciudad de México

17 de junio, 12:33 – Aeropuerto de Madrid, España

En la terminal 4 del aeropuerto de la capital española, Rafa y Julio corren con sus maletas entre los turistas y un grupo de azafatas. Los chicos viajan a Ciudad de México, donde viven sus tíos y sus abuelos. Allí también vive su prima Elena. Ella tiene 14 años y es muy simpática.

Rafa y sus hermanos, Julio y Lidia, hablan con ella a menudo por Internet o chatean. Normalmente Elena les habla de su día a día, de sus partidos de balonmano, de sus amigas y amigos...

Cuando el resto de la familia no está en casa, Rafa y Elena también charlan de otras cosas. A veces, por ejemplo, de un chico del instituto de ella que se llama Eduardo y que le gusta mucho.

CIUDAD DE MÉXICO EMBARQUE

C11

Julio, mira, ¡ahí está la puerta C11!

¡Por fin!

2 Una familia entre dos países

Los padres de Rafa y Julio son mexicanos, pero llegaron a Europa después de estudiar en la universidad para trabajar como médicos en un centro de salud en Madrid. Los tres hermanos nacieron ya en España y por eso se sienten un poco españoles y un poco mexicanos. Cada verano, cuando la familia está de vacaciones en Ciudad de México, Rafa pasa mucho tiempo con Elena y por eso conoce a casi todos sus amigos. Allí todos lo llaman «el primo español» y a veces hacen bromas con su acento porque para ellos es muy divertido.

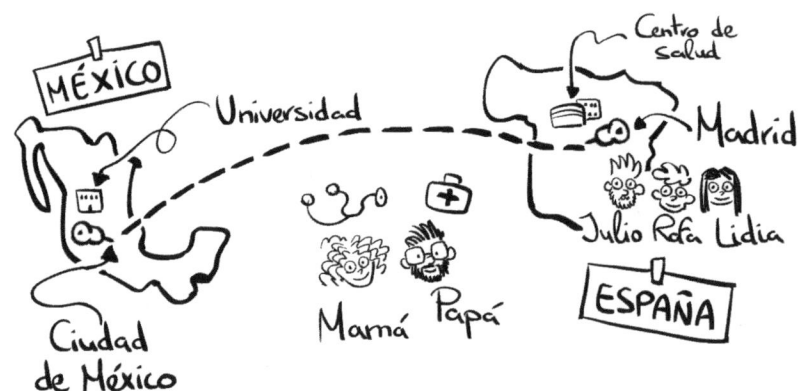

—¡Qué guay! Ahora sí que empieza nuestro viaje solos!
—dice Julio muy contento. Pero Rafa no contesta. También él está muy feliz, pero la verdad es que está un poco nervioso, quizás porque es la primera vez que viaja sin sus padres. Este año ellos no tienen vacaciones hasta el mes de julio, y por eso van a volar con Lidia a México 15 días más tarde.

3 Un mensaje muy raro desde México

Los dos hermanos por fin están esperando la salida de su avión delante de la puerta C11. Julio mira a Rafa y piensa que, otra vez, él está soñando con sus cosas.

Rafa, ¿estás bien? ¿En qué estás pensando?

En nada, en nada...

A ti te pasa algo. Yo te conozco bien...

No sé... creo que estoy un poco nervioso por el viaje...

Pero la verdad es que no sabe si quiere hablar con Julio sobre su problema. Su hermano va a pensar que Rafa otra vez está imaginando demasiado...

Rafa tiene bastante contacto con los amigos de su prima. Le gusta mucho chatear con ellos y saber de sus vidas en México. Casi siempre comparten fotos o hablan del instituto, de las notas o de sus problemas... y también de música o de sus aficiones: deportes, series...

Normalmente charlan sobre temas de todos los días, pero la semana pasada Rafa recibió un mensaje muy raro de Alejandra, la mejor amiga de su prima Elena. Ella tiene 16 años y va al mismo instituto que Elena, están en la misma clase. Rafa conoce bien a Alejandra, es una chica muy maja.

¿Alejandra?

IES

NOTAS

Rafa, ayer hablé con Elena y sé que vas a venir muy pronto a México. Por eso te escribo, te tengo que contar algo.
Lo siento mucho, pero no sé si puedo hablar del tema con tu prima Elena... ¿Cuándo podemos chatear?

Alejandra, 20:19

Al principio Rafa pensó: «¿Pero qué le pasa a Alejandra?» y le respondió con un mensaje corto:

Hola, Alejandra
¡Claro que podemos hablar! ¿Todo bien? El mensaje que me escribiste es un poco raro. En solo cuatro días ya voy a estar ahí, en Ciudad de México. ¿Puedes esperar o te llamo y hablamos?

Rafa, 20:23

Lamentablemente, Alejandra no contestó. «Si no escribe, es que no es muy importante», pensó Rafa. El día antes del viaje, su prima Elena le mandó un mensaje a su primo:

Ayer Alejandra no vino al instituto y nadie sabe dónde está. Todos la estamos buscando... ¿Sabes algo de ella? :O

Elena, 18:34

4 Aquí hay algo raro

17 de junio, 14:00 – Avión de Madrid a Ciudad de México.
En el avión hace calor y las horas pasan muy despacio para los dos chicos. Rafa escucha música con su móvil y su hermano Julio ve una película. Rafa tiene un cómic sobre la llegada a Tenochtitlan en 1519 del conquistador español Hernán Cortés que le regaló su amiga Victoria, pero no puede concentrarse en la lectura porque está pensando todo el tiempo en Alejandra.
Después de leer el último mensaje de su prima, Rafa le escribió a Alejandra. Otra vez, ella no contestó.

Primero Alejandra le dice a Rafa que quiere chatear con él porque le quiere contar «algo». Luego escribe que no puede hablar del tema con su prima Elena... Pero, ¿por qué no le cuenta su problema a su mejor amiga? ¿Por qué Alejandra prefiere hablar con él, que vive a 9.000 kilómetros de Ciudad de México?
Y, por último, el mensaje de su prima... ¿Por qué Elena le pregunta si él, ¡ÉL!, que está tan lejos, sabe algo de Alejandra?

5 Demasiadas preguntas

Rafa tiene demasiadas preguntas y por eso no sabe qué pensar. Después de casi cuatro horas de viaje, se pregunta si no es buena idea hablar con su hermano sobre el tema, pero entonces ve que Julio está durmiendo a su lado. Cuando la azafata les pregunta si quieren beber algo, su hermano tampoco la escucha. Entonces Rafa coge su móvil, lee otra vez el mensaje que escribió a su prima y la conversación que tuvieron después:

¿Cómo que nadie sabe dónde está Alejandra? ¿Tampoco sus padres?

Rafa, 18:35

Los padres de Alejandra no saben dónde está. Ayer no vino al instituto, pero sus padres no saben por qué. Ella volvió a casa por la tarde y no habló demasiado con ellos. Su madre dice que llegó y se fue a su habitación sin cenar para chatear con Eduardo, nuestro compañero. Ellos están haciendo juntos un trabajo para la clase de Historia. El problema es que Eduardo dice que ayer no chateó con Alejandra. Su papá la vio esta mañana antes de ir a trabajar, pero ella después nunca llegó al instituto...

Elena, 18:40

6 Por fin en México

17 de junio, 19:02 (hora local) –
Aeropuerto Internacional de Ciudad de México

Julio y Rafa por fin llegan a Ciudad de México

Después de salir del avión, los dos hermanos van juntos a coger sus maletas.

Ya en el aeropuerto, Rafa enciende su teléfono móvil e inmediatamente recibe tres mensajes.

Mientras Julio toma una de las maletas, Rafa ve un poco triste que solo es información de la empresa telefónica: «Bienvenido/-a a los Estados Unidos Mexicanos, para llamar o mandar mensajes a un país extranjero...»

Julio y Rafa salen por la puerta y buscan a su prima Elena, pero no la ven.

Entonces Julio llama a casa de sus tíos y es ella quien contesta:

Perdón… ¿qué hora es? ¡Qué vergüenza! Apunté mal la hora de llegada y ahora no puedo ir por ustedes…

Prima, ¡estás en las nubes!

Por suerte, una chica mexicana muy simpática que se llama María escucha la conversación y los ayuda a tomar un taxi para llegar a casa.

Ya casi es verano y hace buen tiempo en la capital de México y los chicos miran desde el taxi la impresionante ciudad de más de 9 millones de habitantes. Cuando ya casi están en la casa de sus tíos, Rafa escucha el sonido de otro mensaje que entra en su móvil. Esta vez, Rafa ve el nombre de la persona que lo manda y piensa: «¡Vaya sorpresa!».

7 Bienvenida con quesadillas

¡Hola, Rafa! ¡Qué bueno que ya estás aquí, porque voy a necesitar tu ayuda! Ayer estuve con mi amigo Eduardo en una iglesia antigua del centro de la ciudad donde supuestamente están los restos de Hernán Cortés. Es bastante sorprendente, pero allí casi no hay turistas y... ¡descubrimos algo increíble! ¿Cuándo te puedo ver?

Alejandra, 19:45

Cuando sale del taxi, sus abuelos y primos lo saludan con un montón de besos y abrazos.

¡Menos mal que Alejandra está bien!

Bienvenida con quesadillas

8 Tenemos que hablar

Después de cenar con su familia, Rafa sabe que tiene que hablar con su prima:

—Elena, acabo de recibir un mensaje de Alejandra. ¿Sabes si está bien?

—Sí, sí, está bien… ¡vaya historia! Ayer, después de un montón de horas, llegó por fin a su casa, pero la verdad es que nadie sabe dónde estuvo…

—¿Cómo? ¿Y qué dice ella?

—Nada… Desde hace unas semanas está muy rara… Y siempre pregunta cuándo llegas, porque dice que tiene que hablar contigo. Por eso te escribí.

—Yo no sé nada, pero me escribió un mensaje porque me quiere ver. ¿La llamamos y hablamos con ella?

Elena marca el teléfono de Alejandra y después de saludar y decir que su primo Rafa ya está en Ciudad de México, su amiga dice un poco nerviosa:

¿Pueden venir ahora a mi casa, por favor? Tenemos que hablar. Es importante.

Alejandra, 20:30

9 Un poco de historia mexicana

Alejandra vive muy cerca de la casa de Elena y los dos primos están saliendo cuando los tíos llegan casa.

Ya en casa de Alejandra, ella saluda a sus amigos y los tres entran en su habitación. Encima de la mesa de Alejandra hay un montón de libros sobre los aztecas y los mayas, que vivieron en México, Guatemala y Belice, además de otras culturas indígenas muy conocidas como los incas. En la pared hay un mapa donde Rafa ve todos los países de Centroamérica y también que México limita al norte con Estados Unidos.

Lo sé, Cortés se fue de la ciudad el 30 de junio de 1520, en la famosa Noche Triste después de la muerte de Moctezuma.

¡Exacto! Y volvió un año más tarde, en 1521, para conquistar la capital azteca, que es la ciudad donde hoy vivimos.

¿Y por qué nos cuentas todo esto?

Un poco de historia mexicana

Rafa, seguro que tú sabes qué hizo Hernán Cortés para conquistar a los aztecas con solo 500 soldados.

Bueno, yo sé que él hundió algunos barcos en la costa de Veracruz. Por eso sus hombres no pudieron volver a casa. No tuvieron otra alternativa e hicieron algo casi imposible: conquistaron Tenochtitlan.

Bueno, bueno... todo eso es muy interesante pero, ¿qué significa todo esto? ¿Por qué es tan importante para ti, Alejandra?

Pues porque creo que Eduardo y yo descubrimos el lugar donde están esos barcos de Cortés.

10 Un trabajo para la clase de Historia

Rafa y Elena miran a Alejandra y tardan unos minutos en comprender las palabras de su amiga.

—¿Qué quieres decir? —pregunta Elena con los ojos muy abiertos.

—Elena, tú no me crees, ¿verdad? ¿Y tú, Rafa? Te escribí porque sé que te gusta la Historia... Cuando Eduardo y yo descubrimos todo, pensé en ti. Pero esperen, les explico cómo empezó nuestra aventura —dice Alejandra.

—Claro, te escuchamos —contesta Rafa con interés.

—Pues bien... Hace tres semanas Armando, el profesor de Geografía e Historia, nos puso una tarea para hacer una presentación en clase con un compañero.

—¿Pero cuál fue el tema de la tarea? —quiere saber Rafa.

—Bueno... recibimos una lista con temas generales muy variados.

- Las ruinas mayas en Yucatán.
- Las lenguas indígenas como el zapoteco.
- El variado clima en México: la costa, el desierto, la selva y las montañas.
- Los volcanes nacionales
- Los orígenes de la cocina mexicana: productos típicos y platos exóticos.

—Y claro, tú hiciste el trabajo con Eduardo, ¿no? —pregunta Elena un poco celosa.

—Sí, ya sabes que somos buenos amigos, pero espera... después te voy a explicar mejor por qué no te contamos nada.

11 ¿Una idea peligrosa?

Alejandra sigue con la historia mientras Rafa y Elena están escuchando y ponen atención a sus palabras:

—Eduardo y yo tuvimos la idea de buscar información sobre Hernán Cortés porque hace más o menos 500 años que los españoles llegaron aquí a México.
Al profe le gustó la idea y empezamos con el trabajo. Entonces leímos en Internet que los restos de Cortés están, supuestamente, en la Iglesia Jesús Nazareno, al lado del hospital más antiguo de México.

—Es verdad, lo escribiste un tu mensaje…
—dice Rafa.
—Pues es la primera noticia que tengo sobre el tema… —comenta Elena.

—Es increíble, pero mucha gente no lo sabe. Cuando estuvimos allí, pasamos media hora en la iglesia, miramos todo en detalle, hicimos fotos en el lugar donde está situado el cuerpo de Cortés, pero entonces vino un hombre con acento español y nos echó la bronca.

¡No podéis estar aquí! ¡Estamos trabajando! ¡Fuera!

—¿La bronca? ¿Por qué? —preguntan los primos al mismo tiempo.

—No sé… Fue todo muy curioso…

—¿Qué puede tener de malo visitar esa iglesia o hacer mil fotos allí? —quiere saber Rafa.

—No tengo idea, pero el hombre nos habló muy nervioso.

Después cerró la puerta de la iglesia muy rápido y, cuando salimos, vimos a otro hombre muy raro en un coche negro. Cuando pasamos al lado, lo miramos y en su chaqueta vimos una… —Alejandra tiene que hacer una pequeña pausa —vimos una…

—¿Una qué? ¿Qué visteis? —pregunta Rafa nervioso.

—¡Una pistola!

12 Un secreto de más de 500 años

—¿Una pistola? —pregunta Elena.

Alejandra sigue con la historia:

—Sí, ¿comprendes ahora por qué al principio no hablamos con nadie del tema? Ya sabes cómo es Edu contigo. Él no quiere ponerte en peligro nunca... Y eso no es todo.

Elena se pone roja y Alejandra continúa:

—Edu y yo esperamos unos minutos al lado de la iglesia. Después de un cuarto de hora, salió el hombre y escuchamos la conversación que tuvo con su compañero, también español.

¡No puede ser! ¡Aquí tiene que estar la clave!

¿Qué pasa? ¿Todavía no sabes dónde están los barcos?

No... pero sé que Cortés dejó la información en esta iglesia, lo sé...

—¿Y qué hicisteis después? —pregunta Rafa.

—Miramos las fotos que hicimos en la iglesia y, en una pared, Edu encontró unas palabras en una lengua indígena que yo no comprendo —explica Alejandra.

—Pero él sí las entiende, ¿verdad? —pregunta Elena.

—No, él tampoco las comprende porque es una lengua indígena muy rara que no habla casi nadie. Pero Edu le preguntó a su abuela qué significan esas palabras... ¡y ella nos descubrió el secreto de Cortés durante 500 años!

13 Villa Rica

Los dos primos abren un montón los ojos y piden a Alejandra más información:

—¿De verdad la abuela de Edu pudo comprender esas palabras? —pregunta Elena.

—Sí, es una lengua indígena muy exótica… pero ella todavía la comprende gracias a sus padres y abuelos.

—¡Increíble! ¿Y qué significan? —pregunta Rafa.

—Las palabras son el antiguo nombre de un lugar cerca de Villa Rica, el lugar donde Hernán Cortés y sus 500 hombres empezaron su camino a Tenochtitlan —explica Alejandra.

—¿Y fuisteis allí? Eso está muy lejos de aquí —dice Elena.

—¿Dónde está esa ciudad? —dice Rafa mientras busca en el mapa de México que hay en la pared.

—¡Aquí! Ahora ya sabéis por qué Eduardo y yo no fuimos ayer al instituto… —contesta Alejandra.

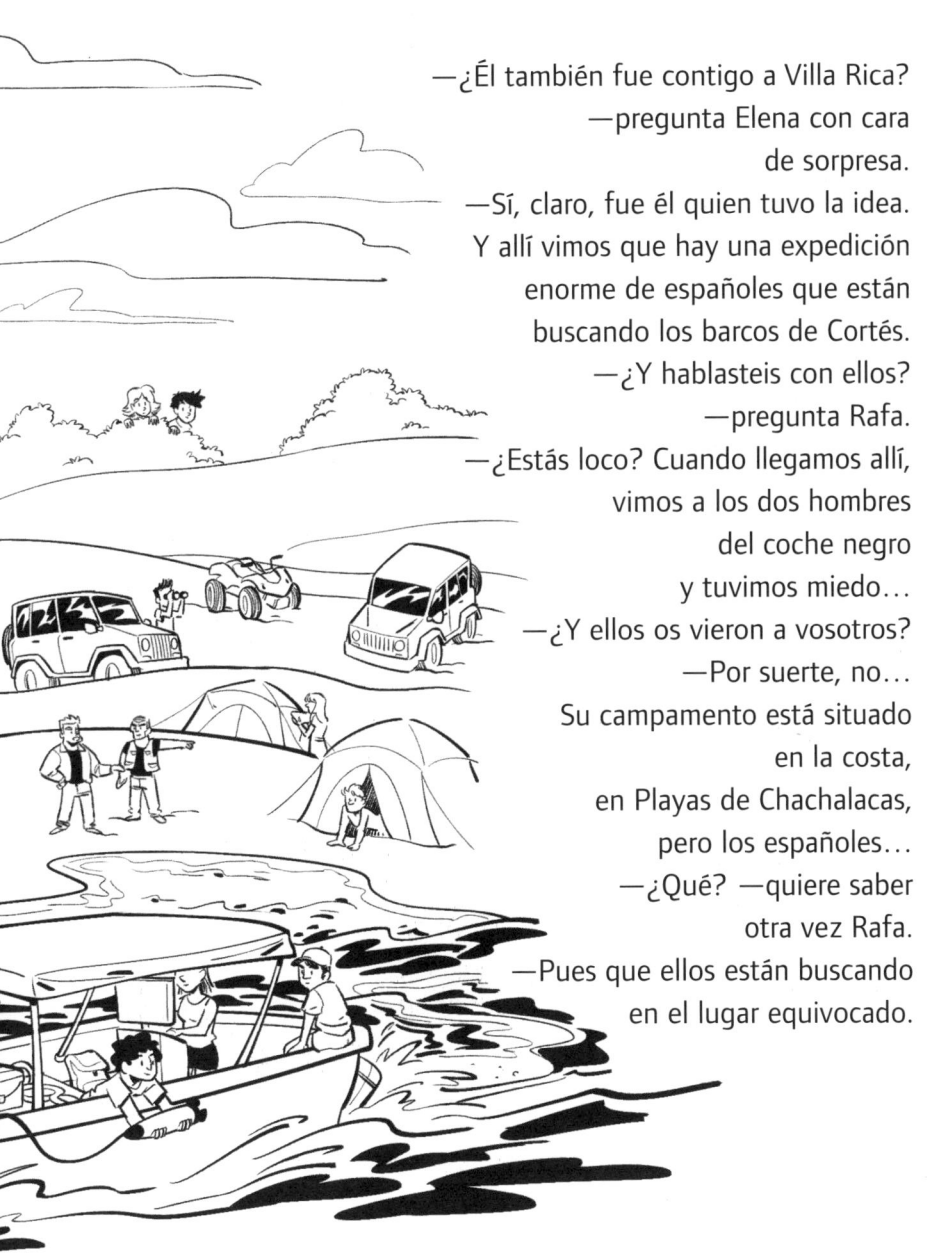

—¿Él también fue contigo a Villa Rica?
—pregunta Elena con cara
de sorpresa.
—Sí, claro, fue él quien tuvo la idea.
Y allí vimos que hay una expedición
enorme de españoles que están
buscando los barcos de Cortés.
—¿Y hablasteis con ellos?
—pregunta Rafa.
—¿Estás loco? Cuando llegamos allí,
vimos a los dos hombres
del coche negro
y tuvimos miedo…
—¿Y ellos os vieron a vosotros?
—Por suerte, no…
Su campamento está situado
en la costa,
en Playas de Chachalacas,
pero los españoles…
—¿Qué? —quiere saber
otra vez Rafa.
—Pues que ellos están buscando
en el lugar equivocado.

14 Programa turístico

Rafa y su prima Elena comprenden a Alejandra y Eduardo:

—Eduardo dice que, antes de equivocarse, es mejor esperar.
Yo pienso que tiene razón, puede ser peligroso. Esos españoles no me gustan nada, pero creemos que, si no encuentran esos barcos, van a volver a su país —les explica Alejandra.

Todos se alegraron del error de la expedición española y no hicieron nada después de su descubrimiento.

Después de un principio
de vacaciones en México
muy emocionante, los chicos
pasaron tres semanas
bastante tranquilas.
Rafa, Julio y Elena
visitaron muchos lugares
turísticos de Ciudad de México.
Rafa escribió todas
sus experiencias
en su diario.

¡Qué suerte que hoy no hay mucha contaminación! Así podemos ver este volcán enorme desde aquí. ¡Es alucinante!

La primera semana
el tiempo fue muy bueno,
con mucho sol, pero
sin calor extremo. Los chicos
hicieron un montón
de cosas en la ciudad: subieron
a la Torre Latino y desde allí pudieron
ver toda la ciudad y el impresionante volcán
Popocatépetl, de 5.426 metros de altura.

Rafa y Julio también fueron a visitar a su abuela en el barrio de Coyoacán, pero se perdieron porque tuvieron problemas con las líneas del metro. Al final todo salió bien y el barrio les gustó porque tiene mucha marcha.

En la segunda semana fueron a Xochimilco para ver los canales y allí Julio se puso muy contento porque encontró a María, la chica que les ayudó en el aeropuerto.

Y después de unas semanas interesantes y divertidas, el programa turístico de los chicos termina unos días más tarde, cuando Alejandra llega con Eduardo a la casa de Elena.
Cuando Rafa y su prima abren la puerta, es Alejandra quien habla:
—Tenemos que hablar. Creo que los cuatro estamos en peligro.

15 Problemas graves

Los dos primos escuchan las palabras de Alejandra y miran a sus amigos sin entender por qué pueden estar en peligro, por eso Rafa les pregunta:

—¿Pero qué pasa?

—Pues que… anteayer estuvieron en mi casa los dos hombres del coche negro —explica Eduardo.

—¿Los hombres que vieron en la iglesia donde están los restos de Cortés? —quiere estar segura Elena.

—¡Claro! No sé cómo, pero me encontraron y saben que tenemos información que ellos no conocen —dice Eduardo.

—¿Pero cómo? —pregunta Elena— ¡No puede ser!

Eduardo les explica a sus amigos que los hombres hicieron dos o tres preguntas a sus padres y se fueron:

Vamos a volver más tarde. Tenemos que hablar con su hijo de un tema muy importante. Sabemos que él estuvo con una amiga en una iglesia del centro y cogió material de nuestra expedición. Si no quiere tener problemas graves, tiene que hablar con nosotros y contestar unas preguntas.

Los chicos escuchan a Edu y comprenden su miedo. Ellos saben que él no cogió nada de la iglesia, pero también que los hombres llevan pistolas y pueden ser peligrosos:

—¿Volviste a la iglesia después de ese día?
—pregunta Rafa a Eduardo.
—Sí, volví la semana pasada para apuntar unas cosas, y ahora sí puedo decir el lugar exacto donde están los barcos… Pero, ¿cómo lo sabes? No me vio nadie…

—¿Sabes si hay cámaras allí?
Quizás por eso fueron a tu casa…
—contesta Rafa. Después de verte allí dos veces, creo que esos hombres quieren saber qué sabes y qué estás buscando…

16 Solo uno puede ganar

Los cuatro chicos están nerviosos y piensan qué pueden hacer. Rafa dice que tienen que ir a la policía, pero Eduardo no quiere porque la segunda vez entró a la iglesia por una ventana. Cuando todos salen para ir a casa de Edu, ven el coche negro. Entonces uno de los dos hombres pone el coche delante de ellos y el otro sale y les pregunta:

—¿Adónde creéis que vais? ¿No me tenéis que contar algo?

—¿Nosotros? ¿Por qué? —pregunta Eduardo para ganar tiempo.

—Mira, chico… Sabemos que estuvisteis en la iglesia y mis compañeros también os vieron cerca de Villa Rica. ¿Qué sabéis sobre nuestra expedición?

—Nosotros no sabemos nada… Solo estamos haciendo un trabajo para nuestra clase de Historia… —responde Eduardo nervioso.

—Mira, amigo… eres un chico inteligente. Este trabajo puede significar millones de euros para mi empresa. Tengo que descubrir primero dónde están los barcos de Cortés. Queremos abrir un museo en España con esos restos y, si me ayudáis, también vosotros podéis ganar algo. ¿Qué tal un viaje a Europa gratis para visitar el museo?

Los chicos no dicen nada y piensan que está claro que, para estos hombres, el dinero es más importante que la historia de su país. Eduardo piensa muy rápido y le dice:

—Nosotros no podemos ayudarte…

—Tú sabes algo importante, chico, así que… ¡dilo! Solo una persona puede recibir el premio por esos barcos y, lo siento, pero solo yo voy a ganar este partido.

17 Necesitamos un plan

Cuando acaba de decir estas palabras, los chicos ven al final de la calle a Julio, el hermano de Rafa, con su amiga María. Rafa mira a Julio y dice:

Julio mira cómo el coche gira al final de la calle. Entra a la casa de sus tíos y unos minutos después, Eduardo les explica a él y a María todo sobre el trabajo para la clase de Historia, su descubrimiento en la iglesia y sobre el lugar donde están los barcos de Cortés.

Entonces Julio comenta:

—Vamos a ver… Según el hombre de la pistola, ellos están buscando los restos de los barcos de Cortés porque quieren llevarlos a Europa para abrir un museo en España. Pero si otras personas los encuentran antes que ellos, por ejemplo, una expedición mexicana, esos restos, que significan un mogollón de dinero para el país y para mucha gente, pueden quedarse aquí, ¿verdad?

—¡Claro! Por eso necesitamos su ayuda… Esos hombres no pueden lograr su objetivo. Los barcos de Cortés ya son parte de la historia de nuestro país y tienen que quedarse en México —contesta Eduardo.

—Esa información es muy importante y todo esto puede ser peligroso para nosotros, pero yo creo que conozco a la persona perfecta para lograrlo… —dice María— ¡Mi hermana!

18 Una reportera para cambiar la historia

María les dice a los chicos que su hermana es reportera y trabaja para la radio y la televisión. Eduardo piensa que es una buena idea y les explica a los chicos:

Tengo toda la información en este *pendrive*. Si le damos esto a tu hermana, ella puede dar la noticia a todo el mundo.

Ella trabaja muy cerca de aquí... ¿qué tal si vamos a hablar con ella sobre el tema?

Veinte minutos más tarde, los seis jóvenes están delante de Diana, la hermana de María, que los mira un poco nerviosa después de escuchar toda la historia:

—Lo siento, me gustaría ayudar, pero yo no hago este tipo de trabajos. Normalmente soy una reportera de viajes o publico entrevistas a personas famosas. El mes pasado, por ejemplo, estuve con el fotógrafo de mi equipo en Oaxaca. María también vino con nosotros. Allí dormimos en un camping junto al mar para ver cómo las tortugas ponen sus huevos, hicimos surf y comimos insectos... Después estuve en Yucatán para hablar con unas mujeres que trabajan en una cooperativa... pero ¡esas son todas mis aventuras!

—Pero seguro que tus lectores quieren conocer la historia de Hernán Cortés... ¡Ayúdanos, por favor! —le pide Eduardo.

—Y además, tú puedes lograr algo muy importante: ¡los restos de esos barcos tienen que quedarse en México! —dice Alejandra muy segura.

—¿Yo? ¡No me digas! Tengo poca experiencia en estos temas, pero...

—¡Pues este trabajo va a cambiar tu vida... y quizás la historia de nuestro país!

19 ¡Viva México!

Unas semanas después, el 2 de agosto, el día empieza con temperaturas un poco más bajas en todo el estado mexicano. En México solo nieva a veces en invierno en el norte del país, y en verano nunca hace frío, pero ese día llueve un poco. Antes de levantarse, Rafa piensa en todas las aventuras que él, su hermano, su prima y sus amigos vivieron hasta ahora.

Cuando ya va a salir de la habitación, entra su prima y le dice:
—Mira, Rafa, no te imaginas cuál es la noticia del día… ¡Mira el periódico! ¡Fíjate!
Rafa coge el «Diario de la capital» y ve la noticia en la primera página:

Grupo de jóvenes encuentra los barcos de Cortés en Villa Rica

Jóvenes hacen descubrimiento histórico.

Diana Prado / reportera

Veracruz.– Un grupo de jóvenes acaba de lograr lo que no pudieron hacer expediciones mexicanas y extranjeras: encontrar los barcos que Hernán Cortés y sus hombres hundieron en las costas mexicanas hace unos 500 años.
Muy cerca del campamento de una expedición española que también busca los barcos de los conquistadores, un grupo de alumnos de Ciudad de México y su profesor de Historia, Armando Requena, lograron encontrar el pasado martes las primeras pruebas y ya recibieron el mensaje oficial del Presidente: El Estado va a hacer un Museo de Historia en Veracruz para presentar los restos de los barcos de…

20 Fiesta de quince... ¡con premio!

Cuando el 21 de agosto Elena celebra su fiesta de quince, están con ella toda su familia y un montón de amigos del instituto y del barrio. Elena siempre soñó con una fiesta más moderna que tradicional. Por eso muchos invitados llevan ropa informal y todos ayudaron con algo: Rafa y Alejandra hicieron la torta, Julio y María decoraron el salón, otros amigos ponen música... Después de la comida, muchos chicos bailan cumbia. Julio y María están bebiendo algo y charlan con Rafa y Alejandra:

—¡Qué fiesta más linda! Es muy diferente a un cumpleaños en España y es el mejor final para nuestra aventura mexicana en un verano increíble —dice Julio.

—Tienes razón —dice Rafa y mira a Alejandra con ojos enamorados. Por cierto, María, hace tiempo que quiero hacerte una pregunta... ¿A qué saben los insectos que comisteis en Oaxaca?

—Pues, la verdad... ¡saben a patatas fritas!
—contesta María—
¿Por qué? ¿Tienes ganas de probarlos?

—¿Yo? Imagínate, antes de comer insectos, prefiero el menú vegetariano —dice con una sonrisa.

—Bueno, nosotros vamos a bailar —dice Alejandra y mira a Rafa a los ojos.

Te quiero.

Poco después, los padres de Rafa y Julio miran a sus hijos y a los otros jóvenes que bailan:
—¡Es increíble! Gracias a estos chicos los restos de los barcos de Cortés van a quedarse en México en lugar de ir a Europa, y ese es un gran premio para todos nosotros, ¿verdad?—comenta el padre.

Entonces, la madre ve cómo Eduardo le dice algo a Elena y, al mismo tiempo, Alejandra besa a Rafa.

—¡Pues yo creo que es ahora cuando los cuatro están recibiendo el mejor premio! —contesta la madre con una sonrisa enorme.

Los capítulos

Vocabulario

Der Lernwortschatz aus **Encuentros** ^hoy **1**, *Unidad 6* ist mit einem Sternchen * gekennzeichnet.

etw.	etwas
fam.	familiar (umgangssprachlich)
inf.	infinitivo (Infinitiv, *Inf.*)
jd	jemand
jdm/jdn	jemandem/jemanden
pl.	plural (Plural, *Pl.*)
sust.	sustantivo (Substantiv, *S.*)

A

a menudo   oft

a su lado   an seiner/ihrer Seite

el **acento**   der Akzent

el **aeropuerto***   der Flughafen

el **aguacate***   die Avocado

al lado de algo   neben etw.

al principio*   am Anfang, anfangs

alegrarse de algo/por alguien   sich über etw. / für jdn freuen

¡Allá vamos!*   *hier:* Lass uns dahin gehen!, *auch:* Wir kommen!

la **alternativa**   die Alternative

la **altura***   die Höhe

alucinante*   beeindruckend

anteayer*   vorgestern

antes de* + *inf.*   bevor

antiguo, antigua   alt

apuntar algo*   etw. notieren

así que   so dass, also

aunque + *frase*   obwohl + *Satz*

la **aventura***   das Abenteuer

el **avión**   das Flugzeug

ayer*   gestern

el **azafato, la azafata**   der/die Flugbegleiter/in

azteca*   aztekisch

los **aztecas***   *Angehörige der Aztekenkultur, die 1320 ihre Hauptstadt „Tenochtitlan"*
   da gründeten, wo sich heute die Hauptstadt Mexikos befindet.

B

bajo, baja niedrig

el **barco** das Schiff

Belice* Belize

besar a alguien jdn küssen

la **broma** der Scherz

la **bronca** der Ärger

C

el **calor*** die Hitze, die Wärme

cambiar algo etw. (ver)ändern

el **campamento** der Lagerplatz

el **camping*** der Campingplatz

el **canal*** der Kanal

la **cara** das Gesicht

celoso, celosa eifersüchtig

el **centro de salud** die Gemeinschaftspraxis für Allgemeinmedizin

Centroamérica Mittelamerika

la **clave** der Schlüssel

el **clima*** das Klima

el **coche** das Auto

la **cocina*** die Küche

cocinar kochen

concentrarse en algo sich auf etw. konzentrieren

el **conquistador, la conquistadora** der Eroberer, die Eroberin

conquistar algo etw. erobern

el **contacto** der Kontakt

la **contaminación*** die Luftverschmutzung

contestar (el teléfono)* antworten, *hier:* ans Telefon gehen

continuar (con algo) (mit etw.) fortfahren, weitermachen

la **conversación** das Gespräch

la **cooperativa*** die Genossenschaft

la **costa*** die Küste

Coyoacán *Stadtbezirk von Mexiko-Stadt*

cuando* als

el **cuarto de hora** die Viertelstunde

38

la **cumbia*** *Musik und Tanz aus Kolumbien, die in ganz Lateinamerika verbreitet ist.*

curioso, curiosa *hier:* seltsam

D

definitivamente definitiv

demasiado, demasiada zu viel/e

el **descubrimiento** die Entdeckung

desde + *lugar* aus + *Ort*

desde allí von dort aus

desde hace* seit (*Zeit*)

el **desierto*** die Wüste

después de* + *inf.* nachdem

el **detalle** das Detail, die Kleinigkeit

el **día a día** der Alltag

el **diario*** das Tagebuch

diferente* anders

el **dios** der Gott

E

echar la bronca a alguien* jdn ausschimpfen

emocionante spannend

la **empresa** die Firma

la **empresa telefónica** die Telefongesellschaft

enamorado, enamorada verliebt

encantar algo a alguien jdm etw. sehr gefallen, etw. sehr mögen

encender algo (e → ie) etw. anmachen

encontrar algo (o → ue) etw. finden

enorme* riesig

enseñar algo a alguien* jdm etw. beibringen

entrar en + *lugar* hereinkommen in + *Ort*

equivocado, equivocada falsch

equivocarse de/con algo* sich mit etw. irren

el **error** der Fehler

el **español, la española** der/die Spanier/in

el **estado*** der Staat, das Land

los **Estados Unidos (EE. UU.)*** *pl.* die Vereinigten Staaten (U.S.A.)

los **Estados Unidos Mexicanos*** *pl.* die Vereinigten Mexikanischen Staaten

estar en las nubes* in Gedanken sein

estar en peligro in Gefahr sein

estar nervioso, nerviosa* aufgeregt sein

estar rico, rica* lecker sein

estar situado, situada en* + *lugar* liegen in + *Ort*

el **Este*** der Osten

estudiar *hier:* studieren

Europa Europa

¡Exacto! Genau!

exacto, exacta exakt

exótico, exótica* exotisch

la **expedición** die Expedition

la **experiencia*** die Erfahrung

extranjero, extranjera Auslands-

extremo, extrema* extrem

F

¡Fíjate!* *hier:* Schau dir das mal an!, *auch:* Stell dir vor!

el **final** das Ende

el **fotógrafo, la fotógrafa*** der/die Fotograf/in

el **frijol*** die Bohne

¡Fuera! Raus!

G

general* *hier:* allgemein

la **Geografía** die Erdkunde

gracias a + *sust.* dank + *S.*

grave* schlimm, ernst

el **grupo** die Gruppe

el **guacamole*** *Avocadocreme*

Guatemala* Guatemala

H

el, la **habitante*** der/die Einwohner/in

hace + *(Zeitangabe)* vor + *(Zeitangabe)*

Hace buen tiempo.* Es gibt gutes Wetter.

Hace calor.* Es ist warm.

Hace frío.* Es ist kalt.

Hace sol.* Es ist sonnig.

hace tiempo que + *frase* seit einiger Zeit + *Satz*

hacer surf* surfen

Hernán Cortés (1485-1547) *spanischer Eroberer, der 1519 an der mexikanischen Küste ankam und nach blutigen Schlachten 1521 Tenochtitlan eroberte*

la **Historia** Geschichte *Schulfach*

la **historia*** die Geschichte

histórico, histórica historisch

el **hombre** der Mann

la **hora de llegada** die Ankunftszeit

el **hospital** das Krankenhaus

hundir *hier:* versenken

I

la **iglesia** die Kirche

la **imagen** das Bild

imaginar(se)* algo sich etw. vorstellen, *hier:* sich etw. einbilden

¡Imagínate!* Stell dir das mal vor!

impresionante* eindrucksvoll

inca* Inka-

los **incas*** *Angehörige der Inkakultur, deren Siedlungsgebiet sich vor allem im Andenraum erstreckte.*

increíble* unglaublich

indígena* indigen

el **indígena, la indígena*** der/die Angehörige eines indigenen Volks

la **información** die Information

informal *hier:* leger *(Kleidung)*

inmediatamente sofort

el **insecto*** das Insekt

el **interés** das Interesse

internacional International-

el **invierno*** der Winter

el **invitado, la invitada** der Gast

ir al mismo instituto que alguien zur selben Schule wie jd gehen

ir por alguien* jdn abholen

J

junto al / a la + *lugar*   an der / am + *Ort*

L

lamentablemente   leider
el **lector, la lectora***   der/die Leser/in
la **lectura**   die Lektüre
limitar con algo*   an etw. grenzen
lindo, linda*   schön *(Lateinamerika)*
la **línea***   die Linie *(Verkehrsmittel)*
llamar a alguien   jdn nennen
la **llegada***   die Ankunft
llevar a alguien a + *lugar*   jdn + *Ort* mitnehmen
Llueve.*   Es regnet.

M

el **maíz***   der Mais
la **maleta**   der Koffer
mandar algo   etw. (ver)schicken
mandar algo a alguien   jdm etw. schicken
el **mapa**   die Landkarte
el **mar***   das Meer
marcar el teléfono de alguien   jdn anrufen
la **marcha***   *hier:* das Leben, der Betrieb
más de*   mehr als
más moderna que   moderner als
maya*   Maya-
los **mayas***   *Angehörige der Mayakultur, deren Siedlungsgebiet sich vorwiegend auf der Halbinsel Yucatán erstreckte.*
el **médico, la médica**   der Arzt / die Ärztin
mejor   besser
el **mejor, la mejor** + *sust.*   der/die/das beste + S.
menos mal (que)*   zum Glück
el **menú**   das Menü
el **mes***   der Monat
el **metro**   der Meter

42

el **miedo**   die Angst

mientras   während

mil*   tausend

el **millón, los millones*** pl.   die Million

el/la **mismo/-a** + sust.   der/die/das gleiche + S.; derselbe, dieselbe, dasselbe + S.

Moctezuma   Herrscher über das Reich der Azteken

un mogollón de* + sust. fam.   eine Unmenge von + S.

la **montaña***   der Berg

el **móvil**   das Handy

la **muerte**   der Tod

la **mujer***   die Frau

N

nacer (c → zc)   geboren werden

nacional*   national, National-

nada*   nichts

nadie*   niemand

Nieva.*   Es schneit.

¡No me digas!*   Sag bloß!

la **Noche Triste**   Ereignisse der Nacht vom 30. Juni 1520, in der die spanischen Eroberer aus Tenochtitlan flohen.

el **nombre**   der Name

el **Noreste***   der Nordosten

el **Noroeste***   der Nordwesten

el **Norte***   der Norden

nunca*   nie

O

Oaxaca   Stadt und Bundesstaat Mexikos

el **Oeste***   der Westen

oficial*   offiziell

el **origen, los orígenes*** pl.   die Herkunft

el **oro**   das Gold

otra vez*   noch einmal

otro, otra*   ein/e andere/r, ein anderes

P

la **página**   die Seite

el **país***   das Land

la **palabra***   das Wort

la **parte**   der Teil

pasado, pasada*   vergangen

pasar al lado de alguien / algo   an jdm / etw. vorbeigehen

pasar*   passieren, geschehen

pasarle algo a alguien   mit jdm etw. los sein

las **patatas fritas*** *pl.*   die Pommes frites

la **patata***   die Kartoffel

la **pausa**   die Pause

peligroso, peligrosa   gefährlich

el *pendrive*   der USB-Stick

perder algo (e → ie)   etw. verlieren, verschwenden

perderse* (e → ie)   sich verlaufen, sich verfahren

el **periódico**   die Zeitung

la **persona**   die Person

la **pirámide***   die Pyramide

la **pistola**   die Pistole

el **plan**   der Plan

el **plato***   das Gericht, die Speise

la **playa***   der Strand

la **policía**   die Polizei

poner algo a alguien   *hier:* jdm etw. geben

poner atención*   aufpassen

poner en peligro a alguien   jd in Gefahr bringen

poner huevos*   Eier legen

ponerse rojo, roja   erröten

por   wegen

por suerte   zum Glück

la **pregunta**   die Frage

preguntarse algo   sich etw. fragen

el **premio**   der Preis

la **presentación**   der Vortrag

el **principio**   der Anfang

el **producto***   das Produkt

el **programa**   das Programm

pronto   bald

la **prueba**   der Beweis

publicar algo   etw. veröffentlichen

el **pueblo**   das Volk

la **puerta (de embarque)**   das Gate

Q

¿Qué tal…?   Wie wäre es …?

¡Qué vergüenza!*   Wie peinlich!

quedarse   bleiben

querer* a alguien (e → ie)   jdn gern haben / jdn lieben

la **quesadilla***   mit Käse zubereitete mexikanische Tortilla

quizás   vielleicht

R

real   wirklich

recibir a alguien (como)   jdn (wie) empfangen

el **reportero, la reportera***   der/die Reporter/in

responder   antworten

el **resto**   der Rest

los **restos (de los barcos)** pl.   hier: Schiffswrack

los **restos (mortales)** pl.   die sterblichen Überreste

la **ruina***   die Ruine

S

saber algo de alguien   von jdm etw. gehört haben

saber* a algo   nach etw. schmecken

salir bien / mal*   gelingen/misslingen

saludar a alguien   jdn begrüßen

el **secreto**   das Geheimnis

según + sust.   laut, gemäß + S.

seguro, segura   sicher

la **selva***   der Urwald

sentirse (e → ie)   sich fühlen

ser conocido, conocida (por)*   bekannt sein (für)

ser español, española spanisch sein

ser mexicano, mexicana mexikanisch sein

significar algo* etw. bedeuten

sin + *inf.* ohne zu + *Inf.*

sobre über

el **sol*** die Sonne

el **soldado, la soldado** der/die Soldat/in

solo, sola allein

el **sonido** das Geräusch

la **sonrisa** das Lächeln

sorprendente überraschend

subir a* hinaufsteigen

supuestamente angeblich

el **Sur*** der Süden

el **Sureste*** der Südosten

el **surf*** das Surfen

el **Suroeste*** der Südwesten

T

el **taco*** *gefüllter Maisfladen*

tardar (tiempo) en hacer algo* (Zeit) brauchen, um etw. zu tun

la **tarea** die Hausaufgabe

el **taxi*** das Taxi

el **tema** das Thema

la **temperatura** die Temperatur

tener de malo* schlimm/verkehrt sein

Tenochtitlan *Hauptstadt des Reiches der Azteken (XIV bis Anfang des XVI Jahrhunderts)*

la **terminal** der/das Flughafenterminal

el **tiempo*** das Wetter

típico, típica* typisch

el **tipo de** + *sust.* die Art von + *S.*

todo/-a el/la + *sust.* den/die/das ganze + *S.*

todos/-as los/las + *sust.* jede/n + *S.*

la **Torre Latino(americana)** *44-stöckiger Wolkenkratzer in Mexiko-Stadt*

la **tortuga*** die Schildkröte

el **trabajo** die Arbeit, *hier:* Klassenarbeit

tradicional traditionell

tranquilo, tranquila ruhig

el **turista, la turista*** der/die Tourist/in

turístico/-a touristisch, Touristik-

U

último, última* letzte/r, letztes

la **universidad** die Universität

uno, a eine/r

unos/-as + *sust.* ein paar, einige + S.

V

las **vacaciones*** *pl.* der Urlaub

variado, variada* abwechslungsreich

¡Vaya historia! Was für eine Geschichte!

¡Vaya sorpresa!* Was für eine Überraschung!

vegetariano, vegetariana vegetarisch

el **vegetariano, la vegetariana*** der/die Vegetarier/in

viajar (a)* reisen (nach)

el **viaje (por)*** die Reise (durch)

vino (venir) ist gekommen

¡Viva + *sust.*!* Es lebe + S.!

volar* **(o → ue)** fliegen

el **volcán, los volcanes*** *pl.* der Vulkan

el **vuelo** der Flug

X

Xochimilco *Stadtbezirk von Mexiko-Stadt*

Y

Yucatán *Bundestaat Mexikos*

Z

el **zapoteco*** Zapotekisch *(Sprache)*

Encuentros *hoy* 1

Tres meses en México
Manuel Vila Baleato

Illustrationen
Marc Rueda

Redaktion Weitere Fremdsprachen
Soledad Rodríguez, Heike Malinowski (Projektleitung)

Umschlaggestaltung
werkstatt für gebrauchsgrafik, Berlin

Layout und technische Umsetzung
orangerie · grafikdesign, Berlin

Hörbuch
Tonaufnahmen: Lucentum Digital
Sprecherin: Carmen Rubio

Unter www.cornelsen.de/webcodes gibt es als kostenlosen Download:
– das Hörbuch zu *Tres meses en México*.
– passende Arbeitsblätter
Gib einfach folgenden Webcode ein: **xafefi**

www.cornelsen.de

1. Auflage, 6. Druck 2024

Alle Drucke dieser Auflage sind inhaltlich unverändert und
können im Unterricht nebeneinander verwendet werden.

Druck: AZ Druck und Datentechnik GmbH, Kempten

ISBN: 978-3-06-1209667

PEFC-zertifiziert
Dieses Produkt
stammt aus
nachhaltig
bewirtschafteten
Wäldern und
kontrollierten Quellen

PEFC/04-31-2260   www.pefc.de